Joni Järvi-Laturi

Enkeli

© 2022 Joni Järvi-Laturi
Kustantaja: BoD – Books on Demand, Helsinki, Suomi
Valmistaja: BoD – Books on Demand, Norderstedt, Saksa
ISBN: 978-952-80-6752-8

Sisällysluettelo

I

Sade

Sade irtoaa lehdestä,
niinkuin kuusi vuotta sitten
kun sinut menetin,
ja kaksikymmentä vuotta sitten
kun en tuntenut sinua,
metsän peikkotyttöä
kun olit hauras ja viaton
Helsinkiä matkaava pikkutyttö
ja parvekettasi,
josta nousit ja tiputit
aikuisena
tupakantumpin sinne
satujen metsään.

Vuodet satumetsää,
vaikkakin kerrostalonasunnon bileissä
ja parveketta
täynnä nuoria ihmisiä,
syksyt lehtiä,
joita hippiystäväsi ja sinä
jouduitte haravoimaan
keltaisesta talosta.

Unelma kommuunista,
keskellä myöhäisiltaa
bussilla keskustaan
bilettämään
yöt itsemurhaa
ja yöt bensiinin legendaa.

Kaipaus valtamerta
kaipaan sinua,
olit vitun kaunis
parantolatyttö,
kauneutesi graffitia
kangasta,
loputonta käsittämätöntä,
vuodet kanssasi
heroiinia
ilman huumetta.

Kävin äsken Helsingissä

Lasagne hyvää, terassit aurinkoisia.
Kaiken olen jo kokenut paitsi suuren rakkauden.
Kaupunki täynnä työn ratasta.

Junissa on kiva miettiä pysähtymistä,
Paikkaa jossa saa vaipua ajatuksiin,
Katsella ulkopuolelle ikkunasta,
Mustaihoiset junasiivoojat lepäävät hetken raiteella roskalaatikon päällä.
Varusmies kävelee junaa kohti joka vie takaisin kasarmiin.
Miettiä uutisia, koko hektistä hyvinvointipalloa.
Välimatkoja, välipaikkoja, välinurkkia, välipaloja.
Ajattelen arvokasta kuolemaa sairaalan neljännessätoista kerroksessa.
Surua, kauhua, ahdistusta jota me kaikki välillä koemme.
Kadunlakaisijaa, metron kolinaa Kalasatamassa.
Varjoja, huoneita, pölyjä.

Miehen halu olla naisen sisällä, turvassa kaikelta.
Ihanan naisen puhe jota kuunnellessa sulkee silmänsä ja uneksii.
Taksin navigaattori on suuri kun festivaali toi ruuhkan Tampereelle.

Me elämme massiivisessa hyvinvointipallossa jota edesautetaan hitonmoisella
määrällä työtä jotta voimme samalla elää hitonmoisessa määrässä hyvinvointia.

Suojatie

"Asiat ovat nykyään niin suuria
Ettemme pysty kuin ihmettelemään niitä."

Katson ruotsalaisia lumessa. Illalla. Pimeässä.
Vanhoja, viisaita ruotsalaisia.
He ihailevat revontulia.
Ojan lumessa on tosi pimeätä.
He tarkkailevat ilveksiä.

Kulttuuri kukoistaa.
Elokuvasivustolta opin että koko ajan ilmestyy uusia ajankuvia.
Marilynia, trilleriä, kauhua.
Isot, billboard-julisteet saavat minut odottamaan.
Tummanvihreää efektitulvaa.
Kaipaan Bergmania, hiljaisia rannikkoja, tuulta.
Mutta nykyaikana on mihin paeta, tummaa tai blondia.
Tuodaan elokuva uudelle vuosikymmenelle.
Minulla on teoria nykyelokuvasta.
Se on vahvaa ja lakonista. Kuin kahvi tai yö. Tai talvi.
Mutta miten se muuttuu.
Iso auto, rekka.

Ajaa ohitseni kun olen tupakalla.
Muistuttaa turvasta vaaran jälkeen.
Tennistä, biljardia.
Lyödä palloja kuin palleja.
Amerikkalaisesti äännettynä.
Saatananmoisia iskuja.
Jossain sitäkin harrastetaan.
Ei pelkästään elokuvateatterin ruudulla.

Arki luotettavaa, se kiertää, ihmiset kiertää, asiat edistyy, kahvit keitetään ja ruoat
napostellaan catering-ruokalassa kuin isot miehet, nälkiintyneet äitien poikien masut.
Arki, asiat tehdään yhdessä ja ne edistyy. Arki on levitelty eri puolille kaupunkia.
Ihania ihmisiä.

Tummaa runoutta.
Mökkipöydän äärellä.
Korttipelejä ja trivial pursuitia.
Kuumaa kahvia ja kaakaota.

Minä olen viimeiset kolme päivää katsonut 1960-luvun amerikkalaisia
tupakkamainoksia.
Askeissa ei saisi olla varoituksia.
Ne rumentavat tavan.
Mietin missä on meidän suuret filosofit, ajattelijat ja taiteilijat.
Televisiossa pyörii kuusi ruokaohjelmaa samaan aikaan.
Ehkä emme aina tarvitse muuta.
Ihmiset ovat onnellisia.
Tämä kaikille.

Myöhäisillan reunalla

(Late Night with Conan O'Brien)

Kaipaan sitä ohjelmaa.

Kaipaan sitä huumoria, kaipaan sen talk show'n viattomuutta. Sellaista ei enää ole olemassa.

Nykyään jenkkien talk show't on pilattu politiikalla ja liialla todellisuudella.

Se koko studio jäi mieleeni sopukkana. Tummansininen studio, jonka reunalla oli New Yorkin tähtitaivas. Illat jolloin joka jakso oli kuin turvaisa musta huone.

Kaipaan niitä huoneita, niitä kymmeniä ja kymmeniä huoneita, jotka olivat ikään kuin piilossa yleisöltä. Niissä työskentelivät ohjelman tekniset tiimit, sihteerit, kirjoittajat kaukana studiosta, jonka takana ne olivat. Ihan kuin teatterissa.

Ohjelma on vanhentunut mahtavasti, muistan kun ohjelmassa oli uutisia hurrikaaneista ja sähkökatkoksista ja siinä näkyi kartta ja se kartta on vanhentunut kauniisti.

Kaipaan niitä luomisvoimaisia sketsejä, niiden aiheilla ei ollut rajoja ja niissä oli omaa amatöörin viatonta charmia.

Ohjelma on vanhentunut niin kauniisti että se näyttää 2000-luvun kauneuden.

Koko ajan tuntuu että tällaisia kauniita, viattomia asioita on vähemmän ja vähemmän.

II

Lapsenomainen ilo asioista

Näen monet asiat esteettisesti.

Ajattelen miten paljon kaikkea on ja sen kauneutta - kaikkea kasveja, eläimiä,
hedelmiä ja maita - miten haluan juoda sen kaiken moninaisuuden. Maiden liput ovat
kiinnostavia ja moninaisia. Ja luonto vakuuttaa monimuotoisuudellaan.

Värit. Kun ostin ruskean sytkärin, tuotteen uutuus ja ruskea väri piristi mieltäni
monta päivää. Ajattelen usein miten joka värillä on oma persoonansa. Värit eivät
myös ole pelkästään värejä vaan ne ovat eri muodoissa erilaisia. Värit ovat myös
erilaisia suhteissa muihin väreihin esimerkiksi Ruotsin lipun keltainen on erilainen
keltainen kuin Ukrainan lipun keltainen.

Luontoa ajatellessani ajattelen metsätarinoiden ja metsälaulujen ikuista paljoutta
suuren nuotion ja suuren yön äärellä. Ajattelen myös automatkaa takaisin kaupunkiin
sen jälkeen kun on ollut kolme päivää haisevalla leirintäalueella - luonnon ja
kaupungin kaunis etäisyys, jonka keskellä on järvi tai lampi.

Joskus kun menen aamulla Tampereen keskustan ostoskeskukseen minulle tulee
lapsenomainen tunne siitä että olen agentti leffassa. Ja kun kävelen syvälle
ostoskeskuksen käytävään kohti miesten vessaa niin vessan oven sisällä minulle
syntyy salamyhkäinen, piiloutuva tunne.

Ajattelen kaikkia maailman viskejä, rommeja, tequiloja, viinejä ja votkapulloja.
Mieleni piristyy myös eri siidereistä ja oluista. Vaikken pidä alkoholin mausta niin
ajattelen joskus ostavani kaikki alkoholituotteet mitä maailmasta löytyy. Mutten tee
sitä. Alkoholipullojen eri etiketit ovat kiehtovan erilaisia ja niitä on tosi paljon.
Tyydyn kuitenkin coca colaan - jumalten nektariiniin - sekä mehuihin ja veteen.

Kun luen Wikipediaa englanniksi mietin usein kuuluisien bändien diskografiaa.
Heidän ura on usein jaettu eri kausiin ja diskografiassa levyjä on paljon ja joka
albumista löytyy paljon kiinnostavaa tietoa. Bändit edustavat minulle kukoistusten
lähteitä joiden tuotannosta tiedän liian vähän ja jota ymmärrän liian vähän. Mutta
yritän jotenkin kuunnella myös musiikkia jota en ole ennen kuullut.

Kaikkein suurimmat iloni liittyvät kuitenkin ihmisiin. Kun saan olla oma itseni. Ja
silloin kun minut on ymmärretty ja minua tarvitaan niin tunnen että koko maailma on
puolellani.

2005

Ennen kaikkea oli niin helsinkiläinen asunto,
jossa kilpailijat viettivät aikaa
niin kylpyhuoneessa, keittiössä, makuuhuoneessa kuin verannalla.

Emme olleet käyneet vielä mökillä
kuin vasta vuonna 2008 tähän vuoteen 2022 saakka.

Tietoisuuteni oli miniskuuli mato
verrattuna kaikkeen siihen miten tajuntani räjähti tuhansissa paikoissa kaiken sen
jälkeen, jälkeen 2005.

Ennen Liisaa, ennen Maria, ennen Sirjaa, ennen Merjaa.

Nyt haluaisin palata sinne vuoteen 2005
ja olla jossakin kylpyhuoneen nurkassa,
ihan vain olla ja aistia elämää ennen suurta nuoruuden vuoristorataa ja
maailmanpyörää.

Tai lukea jostain tamperelaisen gallerian vieraskirjasta miten tykkäsin olla siellä,
ennen 2010-luvun Tampere-kokemusta - runollinen, boheemi, haiseva
farkkujenlanka, joka seurasi minua läpi vuosikymmenen harmaita rotvalleja ja
betonipörsiä.

Ennen niin monen traagista kuolemaa, ennen uusia ihmisuhdekudelmia, ennen 17
penkkaria, ennen 17 lakin heittämistä ilmaan, silloin kun olimme niin laihoja ja
erinäköisiä kuin nyt.

Ja kun ajattelen vuotta 2005 ja sitä helsinkiläistä asuntoa niin siellä oli paljon
paikkoja ja hetkiä, jaksoja tehtiin monia kymmeniä. Outo, traaginen Helsinki-tunne.

Huoneet ovat uusitut ja rakennukset korjattu, raivattu. Monet huoneet ovat yhä siellä,
esimerkiksi seitsemännen kerroksen pehmustettu terapiahuone Kauppakadulla.

Siellä se kaikki yhä on, muistojen mystiikka. Mieli muistaa elämän esteettisesti ja
sumu tekee asioista kauniita.

Kaupungin yö

Kaupungin yö, johdanto Amerikkaan,
yö, jolloin ihmiset nukkuvat,
yö, jolloin keskustan läpi kulkee rekka,
ja se on täynnä isoja pommeja.

Yö, josta syntyy kirjallisuutta,
vastavoima terveille aamulle ja päivälle,
teollisuus, business, salakeikat, yölinjat,
yö, josta syntyy happokirjoitusta.

Sotateollinen kompleksi,
huumeiden vastainen sota,
Chilen ja Venezuelan puuköynnökset,
tulli joka vastaa rajavalvonnasta,
salkut täynnä kokaiinia ja metaa,
Las Vegasin show-bisnes, rulettimatkat.

Yö, josta syntyy kirjastollinen tekstiä,
aavikolla tapaavat kaksi vakavaa miestä,
toinen on valtavirta, omistaja, Iso Herra,
toinen haluaa kirjoittaa paljastaen hänen epäkohtia.

Ikuiselta tuntuva vastakohta,
kovakätinen rikas vastaan runoilija,
pommien puolustaja vastaan hyökkäävä kyyhkynen,
ajaa joku läpi kaupungin illalla,
kohti baareja joiden oluet vaahtoavat dopamiiniaaltoa,
ja niiden asiakkaat kantavat aseita.

Huutojen yö, psykoottinen yö,
lihateollisuuden sumut,
kaikkien asioiden sumut, verhot,
koko maailman ylle tippuva valtava verho,
miljoonat sanat nousevat tuntemattomuudesta,
kansan syvät rivit virtaavat loputtomina,
tämä on maailman kierto yön suuruudessa,
mikä on maailman ongelma, milloin tulee rauha,
miljoonat epäkohdat, ovatko vielä joskus epäkohtia?

Amerikkalainen ystävä

Minä rakastan sinun intohimoasi,
joka on niin lempeä ja avara,
ja minä rakastan kuunnella puhettasi
kiehtovista asioista,
kuten kosmologia, ruoka ja elokuvat,
minä juovun sinusta
ja sinun sielusta,
olet minun amerikkalainen ystävä,
voisin kuunnella sinun puhuvan
talon maalaamisesta
ja silti olisin kiinnostunut.

Kun kuuntelen sinun puhuvan
kosmologiasta,
kansantajuisella kielellä,
haluan tilata kaljat
ja keskustella kanssasi seuraavat tunnit
jossain baarissa vaikkapa Laivalla,
täynnä tulisia mausteita,
toinen toistaan tulisempaa,
mutta pian olen unohtanut kaiken
mitä olet sanonut – nettiaika.

Haluaisin vain ottaa jonkun runokirjan,
tutkia sen sivuja,
sisäänhengittää sanojen fonttia,
pieniä, mitättömiä pölyjä
kirjainten reunoilla,
puristaa kirjaa kuin lumihiutaletta,
vahvojen sormieni lomassa,
pieni kirja, taskukirja,
ihan minun oma,
täynnä hellyyttä ja hitautta,
ja haistaisin kirjani ominaistuoksua,
pitäisin sitä aina taskussa,
miniskuuli, seesteisen sateen opaskirja,
olen melkein siellä,
niin lähellä, sivistystä, metsää, pensaita, puiden keuhkoja, sormenjälkiä.

Ehkä olen tyytynyt vain syömään
kuvien ja äänien pizzaravintolassa,

jokin outo, raskas mörkö minua ajaa takaa
haluten minun ymmärtävän sitä,
haluten minun halua,
halua sitä kohtaan,
YouTuben aikakautena,
vaan en jaksa sitä kauaa katsoa,
aitoa, todellista sivistystä,
joka eroaa virtuaalisesta monisoluviidakosta.

III

Oodi kansainvälisyydelle

Kyllä minä rakastin sitä samaa katsetta,
jolla kaihoisasti katselit
maapallon maita Turkista Brasiliaan,
minulla oli se sama intohimo,
rakastin sitä kiehtovaa halua,
sinun sielussasi oli hyvä olla,
tämä on oodi sille intohimolle,
sinun intohimolle, meidän intohimolle.

Rakastit sitä samaa kuohua,
kansoissa, energisissä kaupungeissa,
energisessä kapitalismissa,
hotellien baareissa.

Siellä joisimme sitä kuohua,
kuohuvaa kaljaa Prahan ja Berliinin,
katsoisimme jalkapallon World Cupia,
ja ilta olisi julma, sellaisella kauniilla tavalla,
jolloin miehet ja naiset ovat suuria
ja täynnä kovaa, rikasta arvokkuuden kauneutta.

Rakastan lippuja, rakastan maita,
virtaavia kaupunkeja,
kävelyjä, katuruokaa, rantoja,
jossakin oli aina jokin tapahtuma,
eikä maailman suuruudesta saa enää selvää,
on niin valtavasti tapahtumia,
niin valtavasti innovaatioita ja ihmisiä,
ihminen on kirjasto, kaupunki on kirjasto
ja maailma on valtava kaikkien aikojen show.

Tuhannet loistavat valopisteet
hehkuvat ja vilkkuvat
kaupunkien stadioneilla,
ruoat, juomat ja raha kiertävät,
wikipediat kukoistavat,
ja kansojen solidaarisuus on niin suuri asia
että se tuo tipan silmiin.

Joku tykkää Pariisista,
joku Suomen musiikista,
minä yritin mainostaa sitä netin kirjeenvaihdossa,
ihailen Ruotsia, ruotsalaisuutta,
koko ruotsalaisuuden syvintä olemusta,
minä poltin sikaria Hampurissa,
hotellin tupakkahuoneessa
ja vieras mies sytytti minun sikarini,
jalkapallo on julma ja suuri laji,
julma bisnes, jossa on panoksena paljon rahaa.

Kommunikoida voi pienillä sanoilla,
tunnen olevani joillekin suuri kokki, toveri, comrade
tai kadonnut pikkuveli,
tunnen tunnelmat herkästi,
kummisetäni postikortit muistan,
sen ison elämän ison maailman ja ison tunnelman.

Kyllä minä rakastin sitä samaa katsetta,
jolla kaihoisasti katselit
maapallon maita....

Tuutulaulu

Rauhoittaa minut uneen,
suloinen runous, ihana viihde,
tai sitten vain vanha mainos, elokuva,
jonka hahmot edustavat luotettavuutta,
äärimmäiseen turvaan viety kaunis tunne,
jonka jumalaiseen muotoon,
sen uneen, uppoavat väsähtäneet silmänurkat,
tai klassinen, nostalginen televisiosarja,
jonka juonikuvioilla ei ole niin väliä,
kunhan se tulee televisiosta,
pimeässä huoneessa,
että se on siinä taustalla, ettei tarvitse aina ajatella,
vaan vain unelmoida, tuntea taivaallista turvaa,
ja paeta vuosikymmeniä vanhaan maailmaan,
tämä on sieluni intohimo, mahtava.

Vanha tupakkamainos, amerikkalainen,
haluan juoda paljon kahvia
ja polttaa paljon tupakkaa,
niin että sitä joudutaan koko ajan valmistamaan,
lisää kuin cokista tai mangomehua,
maailman toiselta puolelta,
tykkään kerätä kaiken,
harvinaisen ja eksoottisen,
missä muut näkevät vain reliikin, edellisen,
sieluni on liberalistinen.

Olen asunut tässä asunnossa pian seitsemän vuotta,
joka ilta televisio on soinut taustalla,
joskus luen taskulampulla
englantilaisia ja espanjalaisia runoja,
puolentoista kuukauden kuluttua,
pääsen mökkilomalle
kolmeksi yöksi,
perheeni kanssa,
ja nuotion äärellä on kiva filosofoida,
katsoa pari Star Trek-jaksoa illan yöksi muuttuessa,
mökin yläkerrassa,
kun katto kaartuu päittemme yli,

ulkona yö pukeutuu pimeäksi,
pimeä laskeutuu ruohikolle
odottamaan aamun kellertävää valoa.

Alkemisti

Näin yhteyden itsemurhanaisen ja elävän naisen välillä. Elävä nainen aineellistui, itsemurhanaista ajattelin. He muistuttivat toisiaan.

Uni oli seuraava tilanne, elämä uni.

Ihmiset olivat outoja, täynnä mystistä voimaa. Näin yhteyden kohtalon ja seuraavan tapaamani ihmisen kanssa. Hän oli aina luotu uuteen tilanteeseen. Kuin palikka. Ihan kuin olisin tavannut hänet ennen.

Näin sadetta, joka satoi psykoosissa vanhempieni auton tuulilasiin. Yhdistin sen suruun ja äärimmäisen nostalgiaan.

Näin yhteyden toimintakeskuksen keittiön ja pyykkiritilän välillä. Ne molemmat edustivat samaa arkista voimaa. Tiesin että arjen takana oli jokin mystinen, salaperäinen, yhdistävä ulottuvuus.

Nuoret näin kommuunina. Mutta kun nuori nainen saapui kuolleen nuoren muistotilaisuuteen, ajattelin Seattlea, New Yorkia, akustista kitaristia kadulla jalkakäytävällä sekä alikulkutunnelia, jonka alla istui joku. Mieleeni iskostui myös raskas ovi ja raskaat seinät.

Kerrostaloasunnon parveke, seitsemäs kerros, nuorisojuhlat. Parvekkeen ovi suoraan kohti psykedeelisiä merkityksiä kolme vuotta ennen. Silloin kun kaikki värit alkoivat tulla mieleen.

Nuoret naiset olivat Kesä 2011. Sisällä he puhuivat ja juhlivat paljon. Klubien tarraseiniä katseltuani ymmärsin millaisia rockin marttyyreita he olivat. Heissä oli itsetuhoista herkkyyttä.

IV

Oodi jääkiekolle

Niinkin pienestä voi ponnistaa isoa kohti.

Valkolasi, järven rinteen viereinen
tumma varjo jääkiekkoringin ympärillä.
Ilta, hikiset, haisevat housut, teipin haju,
Jääkiekkokausi, erkalta haiseva.

Onko NHL:ssä tällaista miehuuden löyhkää?
onko NHL:n stadioneilla yhtä maanläheistä möykkää?

Vai pelkkää kiiltoa?

B-junnut harjoittelivat Hakametsässä
jotain 25 vuotta sitten,
sitten he juoksivat pitkin käytävää.

Kohti isoja kaukaloita?

On lukemattomia mahdollisuuksia tehdä maali.
jääkiekkokenttä ei kulu,
uusia tapoja pelata tapahtuu,
uusia mahtavia yksilöitä,
kuten Barkov, hiljainen kuningas, näkymätön jättiläinen.

Parasta on olympialaiset,
Ruotsi siirsi kiekkoa kauniisti hävitessään Kanadalle.
Täydelliset tähdet, täydelliset pelipaidat.
Suuria tarinoita, suuria kiekkopersoonia.

Ruotsi ihailee Suomen pelaajia,
Suomi ihailee Ruotsin pelaajia.

Veikkausbisnes kuhisee, samoin kuin jääkiekkobisnes,
spekulaatiota, spekulaatiota,
kenelle laittaa rahansa,
82 peliä änärin runkosarjassa,
pistetilastot ja ennätykset ovat jatkuvasti rikottavissa.

Amerikassa arvostetaan suomalaisia pelaajia.

Pidän niistä huiveista joita katsojat heiluttaa,
rakastan myös kaikkia lippuja,
ja jääkiekkoilijat ovat hienoja hyväntekijöitä.

Ne muistot, ne ovat elämää suurempia,
Jääkiekko on perhe, yhteisö,
yhteisöllisyyttä sanan isoimmassa merkityksessä,
sellaista jossa huolehditaan toisista
ja jossa tapahtuu vain hyviä asioita.

Ja aina on kymmentuhatpäinen yleisö joka stadionilla katsoo.

Taivas, osa 2

Hän eli yksinään, kulki käymättömiä polkuja,
vain amerikkalaiset televisiosarjat ja elokuvat lohtunaan,
intohimon laajuus oli valtava,
Gilligan's Island kirsikka, Pieni talo preerialla mustikka
ja The Sonny & Cher Comedy Hour persikka,
lisänä Dallas ja Dynastia ja muut sadat.

Hän rakasti hedelmien ja marjojen makuja,
jotka tuottivat hänelle ihania tunteita,
aina 1940-luvulta kohti 1990-lukua,
kukaan muu ei tiennyt hänen intohimosta,
kukaan muu ei tiennyt Amerikasta mitä hän tiesi.

Hän tilasi kotiinsa colaa, appelsiineja, mehuja ja jäätelöitä,
missään häntä ei nähty, missään ei otettu valokuvaa,
paitsi kadunnurkassa, kun hän piti aurinkolaseja,
vain yksi kuva, kahden vuosikymmenen aikana,
hän käveli kotiinsa läpi Beverly Hillsin katuja.

Vuosikymmenet kuluivat hänen asunnossaan,
vaan hän oli hiljainen erakko, joka salasi politiikkansa,
ajan massiivinen reuna, kaupunkinsa laidalla,
ehkä republikaani, rikas, erityisasemassa, aivot, katkera.

Voi niitä tunteita, joita hän koki katsomalla sarjoja,
voi sitä intohimoa mitä hän koki katsomalla tupakkamainoksia,
voi kuinka hän kaipasi niitä vanhoja aikoja,
kun hän kaipasi viattomuutta, alkuperäisyyttä ja puhtautta.

Rakkauselämää

sovinisti lapsena,
tilasi colapullon ja äiti hymyili,
osti marketista kumisen hailelun
ja poikabändin levyn
ja oli onnellinen kun sai ostettua jotain.

tule vähän lähelle,
tule vähän lähelle,

niin lapsi ei enää vihaa,
niin lapsi ei enää vihaa,
lapsi ei enää vihaa ketään.

naisvihaaja murrosiässä
kirjoitti äidilleen viestejä,
joissa kertoi olevansa turvassa,
ja kaikki oli hyvin,
ja viestit olivat kivoja.

tule vähän lähelle,
tule vähän lähelle,

niin lapsi ei enää vihaa
niin lapsi ei enää vihaa
lapsi ei enää vihaa ketään.

misogynisti nuorena,
oli alikehittynyt muista,
äidin katsoessa,
syötti sorsia rannalla,
antoi niille leivänmurusia
ja oli tyytyväinen.

Suojelkaamme lasten viattomuutta,
Suojelkaamme lapsen sielua,
Rakastakaamme naisten suuruutta,
Rakastakaamme miesten suuruutta.

Vihreät miehet

Heillä on narsistiset, konemaiset silmät,
Heillä on isoveljen aura,
Teillä on rehellinen, rehti, suora katse
Siksi teidät tunnetaan punaisina miehinä,
Lihansyöjinä, fyysisinä miehinä.

Kaksitoista vuotta sitten näin heidän kaltaisensa.
Hän kuljetti hissiin tavaroita.
Hän oli iloinen, viaton mutta ne silmät.
Punainen nainen näytti toivovan hänen tippuvan hissiin.
Sillä vihreistä miehistä ei tiedä.

Nämä eivät ole mitään tavallisia miehiä
Nämä ovat vihreitä miehiä.

Kukaan ei tiedä mitä ne vihreät tekevät.
Ovat niin älykkäitä ja ovelia.
Saattavat olla moraalisimpia miehiä.
Mutta vaikuttavat pelottavilta.

He eivät ole moottoripyörämiehiä.
Isoutta arvostavia, miehekkäitä.
Rapatessa eivät roisku.
He vaanivat mielisairaalassa hoitajina, lääkäreinä.
Heillä on kasvoissa vihreyttä.

Mutta mistä tämä kaikki alkoi?
Mistä kaikki tämä vihreä alkoi?
Niin suuri, vankka vihreys.
Alkoiko se silmäkulmasta, pienen takin vihreys?

V

Runo Sirjasta

Yhdellä puhelinsoitolla sait minut rakastumaan sinuun,
olin tuntenut sinut koko 2010-luvun,
mutta puhelun jälkeen tajusin etten ollut
huomannut sitä miten paljon rakastunut sinuun olin ollut.

Sinun huulesi olivat totisia ja tomeria,
virallinen ammattisi sairaanhoitaja
ja vapaa-ajan harrastuksesi sirkusteatterissa.

Kuin lapsuudesta olit minun äitihahmo tuudittava,
ja näen nyt ne kauneuden kukkivat puutarhat...

näen nyt ne huoneet,
vaikken enää näe,
en enää näe kasvojasi mielessäni.

näen nyt ne huoneet,
vaikken enää näe,
en enää näe kasvojasi mielessäni.

Sinun kasvoillasi lainehti rakkauteni sinua kohtaan,
vaikket ehkä tiedä mitä tunnen sinua kohtaan,
kuin olisin löytänyt jotain piilossa olevaa surua.

Ehkä hymyilisin sinulle jos näkisin sinut,
ja silmäni avautuisivat hellästi
katsomaan auringonnousuani.

Ja näen nyt ne kauneuden kukkivat puutarhat,
huoneesi ulottuvuuksineen, arjen salaiset huoneet.

näen nyt ne huoneet,
vaikken enää näe,
en enää näe kasvojasi mielessäni.

näen nyt ne huoneet,
vaikken enää näe,
en enää näe kasvojasi mielessäni.

Taivas

Nykyihminen janoaa taivasta.

Mikään ei ole niin lohduttavaa.

Taivaskanava,
siitä tulee mieleen
amerikkalainen tv-sitcom
ja tv-draama
aina 1950-luvulta
2020-lukuun asti.

Kuin helikopteri,
jota kaikki katsovat taivaalla,
sohva taivaskameran
huoneiden ja keskustelujen äärellä,
Johnsonin, Nixonin ja Fordin välillä
koko 1970-luku vaikkapa,
ja helikopterista katsottuna alhaalle,
helikopterin ollessa olohuone.

NHL on taivaallista,
luistelun ja kiekonkäsittelyn taidetta
ja 19 000 katsojaa joka ilta
ympärillä spekulointi
ja askin sisällä rajattomat mahdollisuudet.

Hyvinvointi on taivaallista,
lääkärit ja hoitajat,
jotka ovat ammattilaisia
ja joiden hyvyys on niin nöyrää
että se on käsittämätöntä.

Taivasta on ihan tavallinen arki,
elämän kiertokulku,
järjestöt ja yhteisöt,
paikat, joissa tutkitaan jotain,
tutkimusten rakenteiden perinteet,
jotka jatkuvat sukupolvelta sukupolvelle.

Taivasta on tähtitaivas, kukkien tietosanakirja, lintuteos.

Valokuvien pölyttyminen,
kuuraiset filmit,
menneisyyden haikea kaukaisuus,
loputtomat nuotiohetket,
jotka vanhenevat ja vanhenevat
vuosi vuodelta.

Eri genetiikat,
irlantilaisten ja nigerialaisten ero toisiinsa nähden,
kansallinen ylpeys,
yhdistynyt kansakunta.

Kirjat, leffat, musikki.

Luokkakuvan panoraama.

Minäkin katsoin nuorena alaspäin
kuin helikopterista
ja ylöspäin kuin näkisin jotain.

Kuolleet naiset

Miksi minulle annettiin naiseus, kysyi tyttö
laahaavassa morsiuspuvussaan,
ylioppilaslakki ja penkkarit kuitteinaan,
eikö maailma antanutkaan kaksi matkaa
ja kaksikymmentä vuotta
jaetakseen ajan kahteen siskoon,
jotka matkustivat kuluneilla ratapihoilla?

Miksi minulle annettiin naiseus, kysyi tyttö,
pyöreiden lantioidensa tanssiessa,
matkatakseniko roihuavasta nuotiosta tulipaikkaan,
kertoakseni tyttärentyttärilleni satuja
kotikaupunkini traditionalistisesta kierrosta,
jossa naiseus syntyy aina uudestaan
kuin sama ja eri auringonkukka?

Miksi minulle annettiin naiseus, kysyi tyttö,
esteettisen kielenkäytönkö vuoksi,
tehdä maailmasta mekkoa ja korkkista,
raikastaa huoneita ja tilaisuuksia,
konservoidakseni kaupunkini,
jota nykyään kuolleet naiset pystyssä piti?

Se taisi olla elämä ja kuolema itsekin,
synnytyssalin pyhä valkoinen kirkkaus,
matkatakseni piilopaikkoihin,
joissa opin lapsuuden salaisuudet
huomatakseni kaupunkini
kääntyvän kallelleen,
ihmiset kulkivat mahtipontisiin bileisiin,
joissa naiseus oli elämän huumeet ja alkoholi.

Rovio

Kaksikymmentä vuotta myöhemmin,
Näen rovion ja erämiehen,
Tumman, partaisen ja ison,
Hän on yksi miljoonista,
Joilla on ääni.

Näen luolan, savusaunan, tulen,
johon miehet pakenevat,
he saavat keskustella kaikesta,
kantavat huolta suuresta sumusta,
joka erottaa meidät
ja yhdistää katsomaan,
ruudun tuolla puolella,
näkymättömiä tarinoita,
unia, lyhyet hetket,
ja maapallon mystiikka.

Näen tullin, poliisit illassa,
näen kalastusohjelmia,
näen kuinka tilaan grilliruokaa,
ja se maistuu aasialaiselta,
ja olen yössä hiljaa,
muistan kuinka odotin yötä,
ja seisoin Malmin illassa,
pimeässä ennen ja jälkeen matkan,
kymmenen vuotta sitten.

Tuijotin televisiota, niin monet kerrat,
jotkut tilasivat kebabia
kaksi kertaa saman illan aikana,
näin helikoptereita
ja lentokoneita Helsingin usvassa,
tärkeintä oli että huoneeni oli musta
ja maaduin ihanaan pimeään iltaan,
jolloin katsoin yöllistä draamaa
takseineen, katuineen,
ja dokumenttia salaliittoteorioista.

Meistä oli tullut riippuvaisia,
graniitti tuuditti meidät iltaan,
intiaanit filosofoivat teltoissa,

ennen suurta ulkomaan matkaa,
halusin että minut noudetaan autolla,
keskellä lähiön pimenevää parkkipaikkaa
kohti lentoasemaa ja Helsingin Finnairia.

Ajatella, WTC-iskuista on 20 vuotta
ja ajattelen vuosisataa ja vuosituhatta.
Tahdon sen kestävän.
Olkoon se iso, kaunis putki kohti ilon ja intohimon verkostoja.